AF336105

LETTRES PATENTES

DV ROY EN FORME

d'Edict contenant l'ordre & reiglement que ledit seigneur veult estre obserué en la fonction & droits du grand Voyer de France.

A TROYES,

Par Pierre CHEVILLOT, l'Imprimeur du Roy.

1608.

LETTRES PATENTES

DV ROY EN FORME D'EDICT,

contenant l'ordre & Reiglemēt que ledict Seigneur veut estre obserué en la fonction & droicts du grand Voyer de France.

ENRY par la grace de Dieu Roy de France & de Nauarre, à tous presens & aduenir, salut. Ayant recogneu cy deuant combien il importoit au public, que les grands chemins, chaussees, ponts, passages, riuieres, places publiques & ruës des villes & faulxbourgs de cestuy nostre Royaume, fussent rendues en tel estat, que pour le libre passages & cōmodité de nos subiects, ils n'y trouuassent aucun destourbiet, ou empeschement. Nous aurions à ceste occasiō faict expedier nostre Edict du mois de May mil cinq cent quatre vingts dixneuf, pour la creation en til-

A ij

tre d'Office de l'Eſtat de grand Voyer
de France, afin que celuy qui en ſeroit
par nous pouruen il y apportaſt vn tel
ſoing, vigilence, & affection que nous
& le public en peut tirer l'vtilité requi-
ſe,ce qu'ayát depuis faict de la perſon-
ne, de noſtre tres cher & amé Couſin,
le ſieur Duc de Seully, grand maiſtre
de noſtre Artillerie, gouuerneur &
noſtre Lieutenát general en Poictou,
qui s'en ſeroit iuſques à preſent ſi di-
gnement acquité, qu'il nous en a donné tout ſubiect de contentement.
Mais d'autant que depuis la diſconti-
nuation de ladicte charge de grand
Voyer, il s'eſt gliſſé pluſieurs deſor-
dres au faict de ladicte voirie, particu-
lierement en noſtre ville de Paris, par
les entrepriſes des iuges des ſeigneurs
haults Iuſticiers : Leſquels outre leurs
fonctions ordinaires diſputent les
droicts à leurs charge. Auſſi par la ne-

gligence de nos officiers en icelle, pour
n'auoir assez donné à cognoistre à vn
chacú ce que portoient les Reiglemés
cy deuant sur ce faicts, & les droicts qui
sont attribuez à la voirie de la dicte
ville.

Nous auons estimé non seulement v-
tile , mais tres-necessaire pour le bien
de nos subiects, leur donner vne parti-
culiere cognoissance de nostre volon-
té sur le faict de ladicte voirie/Com-
me aussi pour les droicts que nous
voulons estre doresnauant perceuz par
nosdits Voyers , ou ceux qui seront
par eux commis à cest effect.

A ces causes, nous de l'aduis de nostre Conseil, auquel estoient plusieurs
Princes de nostre sang, & autres no-
tables seigneurs de nostre Royaume.
Auons par cestuy nostre Edict & Reiglement perpetuel & irreuocable, vou-
lu & ordonné qne les articles conte-

tenuz en iceluy concernás ladite voirie, soient, entretenuz, suiuiz & ob-
seruez de point en point par tous nosdits subiets.

Premieremẽnt que la iustice de ladite voirie sera à l'aduenir exercee, ainsi & par les iuges qu'elle auoit accou-
stumé auparauant, sans toutesfois pre-
iudicier au droit d'icelles.

Nous voulons que nostre grand
Voyer ou autres par luy commis,
ayent la cognoissance de ladite voirie,
tant dans les villes, faulxbourgs que
grands chemins, vulgairement appellez les chemins Royaux. Et que amez
& feaux Conseillers les gens tenans de
nostre chambre du thresor à Paris, co-
gnoissent de tous differends qui inter-
uiendront pour les dtoits, deubz & af-
fectez à ladite voirie : Ausquels nous
auons attribué & attribuons la con-
gnoissance de tels differends qui serõt

par eux iugez & determinez , nonob-
stant & sans preiudice de l'appel, iufques à la somme de dix liures parisis
d'amende, & au dessous, & pour les
sommes excedans dix liure parisis par
prouisiõ, pour ce qui est de nostre domaine seulemnt, & au profit de Paris
pour ce qui regarde la Police, comme, les allignemens , perils emi-
nents, & autres cas semblables de ladite ville & faulxbourgs d'icelle, en nostre Cour de parlement. La moitié
desquelles amendes à nous reseruee,
sera mise entre les mains du Receueur
de nostre domaine de ladicte ville, &
l'autre moitié appartenant au grand
Voyer, & sesdicts commis pour & au
lieu des fraiz qu'il conuient faire iour-
nellement en l'exercice de la charge.

Au payement desquelles les particuliers seront contraincts en vertu des
sentences ou extraits du greffe en la

maniere accoustumee.

Voulons aussi & nous plaist que
lors que les ruës & chemins seront en-
combrez ou incommodez, nostre dit
grand Voyer ou ses commis enioignét
aux particuliers de faire oster lesdits
empeschemens, & sur l'opposition &
differends qui en voudroient resulter
faire condamner lesdits particuliers qui
n'auront obey à ses ordonnances trois
iours apres la signification qui leur en
sera faite iusques à la somme de dix liure, & aux dessous pour lesdites entre-
prises par eux faites, & pour ceste effet
les faire assigner à sa requeste par deuant le Preuost de Paris auquel nous
donnons aussi tout pouuoir & iuris-
diction.

Deffendons à nostre dict grand
Voyer ou ses commis de permettre
qu'il soit fait aucune saillies, aduances
& pantes de bois es ruës aux bastimés
noeufs,

nœufs,& mefmes à ceux ou il y en a à
prefét de côftruits les reedifier,ny faire
ouurages qui les puiffent conforter,cô-
feruer & fouftenir, ny faire aucune en-
corbellemét en aduáces pour porter au
cun mur,pan de bois ou autre chofe en
faillie, & porter à faux fur lefdites ruës,
ains faire le tout continuer à plomb,
depuis le rets de chauffee tout contre-
mont, & pouruoir à ce que les ruës
s'ébeliffent au mieux que faire fe pourra, & en baillant par luy les allignemens, redreffera les murs ou il y aura
ply ou coulds; & de tout fera tenu de
dôner par efcrit fõ proces verbal de luy
figné, & de fon greffier, portant l'allignement defdits Edifices de deux
thoifes en deux thoifes, à ce qu'il n'y
foit contreuenu. Pour lefquels allignemens nous luy auons accordé foixan-
te fols parifis pour maifon, payables
par les particuliers qui feront faire lef-

dits Edifices sur ladite voirie, encores qu'il y eust plusieurs allignement en icelle, n'estant conté que pour vn seul. Comme aussi nous deffendons à tous noz subiets de ladite ville, fauxbourgs, Preuosté & viconté, & autres villes de ce Royaume faire aucun Edifices, pan de mur, iābe estree, enioingneure, Caue, ny trauail ferme, ronde en saillie, sieges, barrieres, contre fenestres, huits de Caue, bornes, pas, marches, sieges mōtoires à cheual, au luēt, enseignes establies, cages de menuseries, chassis à verre, & autres aduances sur ladite voirie, sans le congé & allignemés de nostre dit grand Voyer ou desdits cōmis. Pourquoy faire nous luy auons attribué & attribuōs soixante sols tournois, & apres la perfectiō d'iceux serōt tenuz lesdits particuliers d'en aduertir ledit grand Voyer ou sesdits commis, afin qu'il recolle lesdits allignemens, & recognoisse si les ouuriers auront tra uaillé suiuant iceux, sans toutesfois payer aucune chose pour lesdicts recollemens & confrontations. Et où il se trouuerroit qu'ils auroient contreuenu ausdicts allignemens, seront lesdicts particuliers assignez par deuant ledict Preuost de Paris ou son Lieutenant, pour voir ordonner que la besongne mal plantée sera abbatuë & condemné en telle amende que de raison, applicable comme dessus.

Deffendons au cõmis de nostre dict grand Voyer de prendre aucun droict pour mettre des rreillis de fer aux fenestres sur ruë, pourueu qu'ils n'excedent les corps des murs qui seront tirez à plomb, & pour ceux qui sortirõt hors des murs payeront la somme de trente soiz.

Faisons aussi deffences à toutes sortes de personnes de faire & creuser aucune Caues soubs les ruës; & pour le

regard de ceux qui voudront faire de-
grez, à monter en leurs maisons, par
moyen desquelz les ruës estrecissent,
faire sieges esdictes ruës, estail ou aul-
uent, clorre ou fermer aucunes ruës,
faire planter bornes au coing dicelles
es entrees de maisons, poser enseignes
nouuelles, ou faire le tout reparer, pré-
nent congé dudict grand Voyer ou
commis, pour lesquelles choses faictes
de neufs, & pour la permission premie-
re : Nous luy auons attribué & attribuons la somme de trente solz pour
la visitation d'icelles : & pour celles qui
conuiendra seulement reparer & re-
faire, la somme de quinze solz. Et où
aucuns voudroient faire telles entre-
prinses, sans lesdictes permissions, les
pourra faire condamner en ladicte a-
mende de dix liures, payables comme
dessus, ou plus grande somme, si le cas,
y eschet, & faire abbattre lesdictes en-

treprinſes le tout au cas que leſdictes
entreprinſes n'incõmode le public. Et
pour ceſt effect ſera tenu le commis
dudict grand Voyer ſe tranſporter ſur
les lieux auparauant que donner la
permiſſion & congé de faire ladicte
entreprinſe.

Pareillement , auons deffendu &
deffendons à tous noſdits ſubiets de
ietter dans les ruës , eauës , ne ordures
par les feneſtres de iour , ny de nuict,
faire preaux ny aucuns iardins en ſail-
lies, aux hautes feneſtres: ny pareillement tenir fiens , terreaux, bois, ny
autres choſes dans les ruës & voyes pu-
blicques plus de vingt quatre heures :
& encores ſans incommoder leſdits
paſſans , autrement luy auons permis
& permettons de les faire condempner en l'amende comme deſſus.

Auquel Voyer ou commis, nous en-
ioignons ſe tranſporter par toutes les
ruës , meſmes par les maiſtreſſes de

quinze en quinze iours, afin de com-
mander qu'elles foient deliurées &
nettoyées, & que les paffant ne puiffent receuoir aucun incommodité.

Deffendons auffi à toutes perfon-
nes de faire des viuiers plus hault que
rets de chauffée, s'ils ne font couuerts
iufques aufdits rez de chauffée,& mefmes fans la permiffion de noftre dict
grand Voyer, fes lieutenant ou commis, pour laquelle permiffion luy fera
payé trente folz indiftinctement, tant
pour ceux qui font au retz de chauffée
que ceux qui ne fe trouueront audict
rez de chauffée.

Ordonnons à noftre dict grand
Voyer ou cômis, de faire crier aux quatre feftes annuelles le bã de par nous, &
de par luy, à ce que les ruës foient nettoyées : & outre qu'il ait à ordonner
aux chartiers conduifant terreaux,
grauois, & autres immondices de les

porter aux champs, aux lieux destinez,
aux voiries ordinaire , & au deffaut de
luy obeyr saisira les cheuaux & har-
nois des contreuenans , pour en faire son rapport , sans qu'il puisse donner main leuée , qu'il n'en soit ordonné.

Enioindra aux seruiteurs, charrons,
marchant de bois , & autres de retirer
& mettre à couuert soit dans leurs
maisons ou ailleurs, ce qu'ils tiennent
d'ordinaire dans les ruës, comme pier-
res, coches, charettes, chariots, rouetz,
pieces de bois , & autres choses qui
peuuent empescher ou encombrer
ledict libre passage desdictes ruës.
Comme aussi aux tainturiers, foulons,
frippiers, & tous autres de ne mettre
seicher sur perches de bois , soit es fenestres de leurs greniers, ou autrement
sur rues & voyes, aucuns draps, toilles,
& autres choses qui peuuent incom-

moder & offufquer la veues defdictes
rues, fur les peines que deffus.

Et fur les contrauentions qui fe feront, lefdictes deffences eftant faictes
par ledict fieur grand Voyer ou fes
commis, feront les contreuenans con-
demnez en l'amende comme deffus.

Voulons, & nous plaift que ledict
grand Voyer & fes commis ayent
l'œil & congnoiffance du pauement
defdites rues, voyes, guais & chemins,
& ou il fe trouuera quelques pauez caf-
fez, rompuz ou enleuez qu'il les face
reftablir prōptemēt, mefmes faire l'ou
uerture des maifons des refufans d'i-
celles, aux defpens des detempteurs
defdictes maifons, inionction preala-
blement faicte aufdicts detempteurs:
& prendra garde que le paué de nœuf
foit bien faict, & qu'il ne fe trouue
plus haut efleué que celuy de fon voi-
fin.

Deffen-

Deffendons au Commis de noſtre dict grand Voyer, de donner aucune permiſſion de faire des marches dans les ruës, mais ſeulement continué les antiennes es lieux ou elles n'empeſchent les paſſages.

Ne pourra auſſi noſtre dict Voyer donner permiſſion d'aũluent plus pas que de dix pieds, à prendre du rets de chauſſée en amont, & pour ceux qu'il donnera enſemble pour les enſeignes, luy appartiendra pour les permiſſions nouuelles trente ſolz, & pour les changemens des enſeignes, refection & changement d'aũluent n'en prendra que quinze ſolz.

Et d'autant que la plus grande partie des abuz qui ſe ſont commis en ladicte voirie, ſont prouenuz à cauſe des permiſſions que donnent les commis d'aucuns ſeigneurs hault iuſticiers, tant laics qu'Eccleſiaſtiques, preten-

tendant auoir droict de voirie en nostre dicte Ville, faulxbourgs, Preuosté
& Viconté de Paris, qui n'ont tenu có-
te deliurant lesdictes permissions de
prendre exactement garde , si elles
estoient conformes aux reiglemens &
ordonnances faictes sur le faict de ladicte Voirie.

A ceste cause, nous voulons & entendons , que où il se trouuera que
lesdicts Voyers particuliers ayent cy
deuant donné ou donnent cy apres
icelles permissions contre la teneur
de nosdicts Edicts & ordonnances, ledict sieur grand Voyer, ses Lieutenans
ou Commis, les feront appeller pour
les faire condempner à reparer ce qui
auroit esté mal faict , le tout sans preiudice desdicts seigneurs, & autres pre-
tendant droicts de haulte iustice , &
voirie en nostre dicte Ville & faulxbourgs: lesquelz nous voulons apres la

verification du present Reiglement
estre appellez a la dilligence de nostre
Procureur general : Auquel mandons
ainsi le faire pour eux oys & les tiltres
qu'ilz produiront veuz & examinez
leur estre pourueu ainsi que de raison.

Entendons aussi que lesdictz Grand
Voyer & ses commis en ladicte ville
Preuosté & Vicóté de Paris, iouissent
bien deuement comme les autres
Voyers ont cy deuant iouy de tous les
autres menus droictz qui luy sont attribuez, par les tiltres de ladicte voirie:
Extraict de nostre Châbre des Comptes, Tresor & Chastelet de Paris, Có-
me chandelle, gasteaux, beurre, œufz,
fromages, figues, Raisins, boucquetz,
rozes, & plusieurs autres menus droicts
qui se recueillent & perçoiuent par
chacun an es iours & saisons accou-
stumees, de ceux & celles qui estallent

es places sur ladicte Voirie, tant es marchez, rues, voyes, & placent public-
ques de nostredicte ville faulx-bourgs
Preuosté & Vicôté de Paris, Tous lesdictz droictz, ordonnez estre perceuz
par plusieurs arrestz, sentences & iuge-
mens, dõnez tãt par nostre dicte Cour
de Parlement, les Conseilliers de la iustice du Tresor, que par nostre Preuost
de Paris.

Voulons & nous plaist que ledict
grand Voyer ou Commis pouruoyét
des places vulgairemét & antiénement
appellees les places ordonnees par le
feu Roy sainct Louys, estre ausmo-
nees à pauures femmes vefues, & fil-
les orphelines & à marier, sizes tant es
halles de Paris, ruë au fuerre que es en-
uirons. Comme aussi de toutes les autres places dependantes de ladicte Voirie, ayes tant esdictes halles cimetiere
sainct Iean, grand & petit Chastelet,

marchez neufz, places maubert, & autres lieux & endroicts de noſtre dicte
ville & faux-bourgs de Paris : pour en
iouyr comme cy deuant les Voyers en
ont iouy bien & deuëment.

Et deſirans regler les droicts des lieutenans ou Commis dudict ſieur grãd
Voyer es generalitez de ceſtuy noſtre
Royaume, ou ils pourront eſtre eſta-
bliz, ou voyers particuliers des autres,
villes baillages, Preuoſtez, & Seneſ-
chauſſees comme n'eſtant raiſonnable
auoir les meſmes droits qu'iceux de ladicte ville, Preuoſté & Viconté de Paris, tant pour n'eſtre leſdictes charges
de ſi grand train, auſſi qu'elles ne ſont
ſi labourieuſes & penibles.

Ordonnons que iceux ne pourront
prendre pour leurſdicts droicts que le
tiers de ce que nous auons attribué
pour ceux de ladicte ville, Preuoſté &
Viconté de Paris, &, ou dans les villes

capitales de noz bailliages seulement,
& choses pour lesquelles ils ont accou-
stumé, & sont en possession de prendre droicts.

Lesquelz Lieutenans & Commis de
nostre grand Voyer pourront com-
mettre en chacune ville vn maçon, ou
autre personne capable pour donner
les allignement sur ruë, dont le nom
sera registré en la iustice ordinaire. Le
surplus des autres charges & fonctions
ledict Commis les fera en personne:
En quoi faisant lui sera obei, sans qu'il
soit besoin de sergent pour faire faire les significations appartenans à
sa charge, sauf s'il emploie autres gens
soubz lui, pour veoir les contrauentions. Auquel cas seront tenuz les Cõmis des Lieutenás de nostre dict grand
Voyer de se seruir des sergens ordinaires.

Si donnons en mandement à noz

amez & feaux, Conseillers, les gens tenans noz Courts de Parlement, bail-
lifs, seneschaux, Preuosts, & à tous noz
autres iuges & officiers, & à chacun
d'eux en droict soy, comme il appartiendra, que ces presentes ils facent li-
re publier & enregistrer, & le contenu
en icelui entretenir suiure, garder &
obseruer selon sa forme & teneur, sãs
souffrir ny permettre qu'il y soit
contreuenu en maniere que ce soit:
Cessans & faisans cesser tous empeschemens au contraire, & afin que
ce soit chose ferme & stable à tous-
iours, nous auons faict mettre à ces-
dictes presentes nostre seel. Donné
à Paris au mois de Decembre, l'an
de grace mil six cens sept, & de
nostre regne le dixneufiesme, signé
HENRY,& plus bas,par le Roy POTIER,& plus bas est escrit ce qu'ensuit.

Registrees oui le Procureur general

du Roi, pour estre le contenu d'icelles gardé entretenu & obserué, selon leur forme & teneur, à Paris, en Parlement le quatorzieſme Mars, mil ſix cent huict. Signé, Dv Tillet.

Regiſtreés ſemblablement en la Chambre des Comptes, ouy le Procureur general du Roy, en vertu d'autres lettres Patentes de ſa Maieſté, dónees à Paris le vingt cinquieſme iour de Mars dernier paſſé, contenant relief d'addreſſe, des preſentes, pour ce qui eſt contenu & obſerué ſelon ſa forme & teneur : le dixneufieſme iour de may. 1608. Signé, De la Fontaine,

Extraict des Regiſtres de Parlement.

Veu par la Cour, les grands Chambre, Tournelle & de l'Edict aſſéblees, les lettres Patentes du Roi en forme d'Edict, donnees à Paris au mois de Decébre dernier, ſigné Henry, par le Roy Potier, & ſellee du grád ſeel de cire

www.ingramcontent.com/pod-product-compliance
Lightning Source LLC
LaVergne TN
LVHW021806060726
842528LV00003B/1169